Katharina Gorski

Geschichte der Jugendverbandsarbeit

50er Jahre bis in die Gegenwart

GRIN Verlag

Bibliografische Information der Deutschen Nationalbibliothek:

Die Deutsche Bibliothek verzeichnet diese Publikation in der Deutschen National-
bibliografie; detaillierte bibliografische Daten sind im Internet über http://dnb.d-
nb.de/ abrufbar.

Impressum:

Copyright © 2006 GRIN Verlag GmbH
Druck und Bindung: Books on Demand GmbH, Norderstedt Germany
ISBN: 978-3-640-33892-4

Dieses Buch bei GRIN:

http://www.grin.com/de/e-book/127287/geschichte-der-jugendverbandsarbeit

GRIN - Your knowledge has value

Der GRIN Verlag publiziert seit 1998 wissenschaftliche Arbeiten von Studenten, Hochschullehrern und anderen Akademikern als eBook und gedrucktes Buch. Die Verlagswebsite www.grin.com ist die ideale Plattform zur Veröffentlichung von Hausarbeiten, Abschlussarbeiten, wissenschaftlichen Aufsätzen, Dissertationen und Fachbüchern.

Besuchen Sie uns im Internet:

http://www.grin.com/

http://www.facebook.com/grincom

http://www.twitter.com/grin_com

WESTFÄLISCHE
WILHELMS-UNIVERSITÄT
MÜNSTER

Ausarbeitung zum Referat
„Geschichte der Jugendverbandsarbeit"
- 50er Jahre bis in die Gegenwart -

FB 06: Institut für Erziehungswissenschaft und Sozialwissenschaften

Seminar: Jugendverbandsarbeit – Realität und Reichweite

WS 2006/07

Verfasserin: Katharina Gorski

Inhaltsverzeichnis

1. Einleitung 3

2. Jugendverbandsarbeit in den fünfziger und sechziger Jahren 3

   2.1. Initiativen zu deutsch-deutschen Jugendbegegnungen 3

   2.2 Der Deutsche Bundesjugendring 3

   2.3 Bundesjugendplan 4

   2.4 Krise der Jugendarbeit 4

   2.5 Vergesellschaftung der Jugendverbandsarbeit 5

   2.6 Grundsatzgespräche – die „Erklärung von St. Martin" 5

3. Jugendverbandsarbeit in den siebziger und achtziger Jahren 6

   3.1 Die Studentenbewegung und weitere Bewegungen 6

   3.2 Änderung der Lebensstile in den Jugendverbänden 7

   3.3 Neue Ansätze in der Jugendverbandsarbeit 7

   3.4 Politisierung der Jugendarbeit 8

      3.4.1 Bildungsreform und Bildungsdiskussion 9

      3.4.2 Jugendarbeit in der Defensive 9

4. Jugendverbandsarbeit in den 90er Jahren bis in die Gegenwart 10

   4.1 Jugendarbeit nach der Vereinigung Deutschlands 10

   4.2 Wandel in der Jugendverbandsarbeit - „Jugendverbände in der Bindestrich-

      Gesellschaft" 11

      4.2.1 Anforderungen an Jugendverbandsarbeit 11

5. Fazit 12

6. Literatur – und Quellenverzeichnis 13

1. Einleitung

Jugendverbandsarbeit musste in den Jahren seit seiner Gründung im 19. Jahrhundert bis heute viele Veränderungen durchstehen. Sehr einschneidende Einflüsse waren in der Zeit des Zweiten Weltkriegs. Wie es danach bis in die Gegenwart mit den Jugendverbänden weiterging, wird mit dieser Arbeit verdeutlicht.

2. Jugendverbandsarbeit in den fünfziger und sechziger Jahren

2.1. Initiativen zu deutsch-deutschen Jugendbegegnungen

Auf Grund der Trennung Deutschlands in BRD und DDR im Jahr 1949 gab es vielerlei Initiativen, die zur Jugendbegegnung beitrugen. Ziel hierbei war, „der Jugend aus beiden Teilen Deutschlands Gelegenheit zur Begegnung und zum Kennenlernen zu geben, um damit die Zusammengehörigkeit aller Deutschen zu stärken." (DBJR 2003, S. 281). Innerdeutsche Jugendbegegnungen wurden intensiviert, denn auch bei den Jugendlichen wuchs das Bedürfnis, die gesamtdeutschen Kontakte zu intensivieren.

Es gab in den 50er Jahren eine Vielzahl von deutsch-deutschen Beziehungen und Begegnungen mit der Bedingung, keine Kontakte zur FDJ aufzunehmen, u.a. „Ferienaktionen der FDJ/DDR, Sportbegegnungen, Fahrten (…) in die DDR, kirchliche Jugendbegegnungen" (DBJR 2003, S. 275) und Wanderaktionen. Allerdings geriet die FDJ durch den Mauerbau mehr und mehr in Isolation und das Verhältnis zwischen den Jugendverbänden Ost- und Westdeutschlands klaffte zunehmend auf Grund der unterschiedlichen Gesinnungen auseinander (vgl. DBJR 2003, 268 ff).

2.2 Der Deutsche Bundesjugendring

Am 03. 10.1949 wurde der Deutsche Bundesjugendring (DBJR) gegründet. Dieser vernetzt u.a. konfessionelle, ökologische, kulturelle und humanitärgeprägte Jugendverbände in Deutschland und vertritt die Interessen der Kinder und Jugendlichen (vgl. Jugendserver 2006[1]).

Ein bedeutender Schwerpunkt der Arbeit des DBJR liegt auf der internationalen Zusammenarbeit. In diesem Sinne organisierten die Mitglieder u.a. 1951 ein internationales Jugendtreffen mit dem Ziel der Begegnung europäischer Jugend. Die europäische

---

[1] Siehe Literatur- und Qellenverzeichnis, S. 13

3

Jugendarbeit wurde in den sechziger Jahren mit „vielen Solidaritätsprojekten, Unterstützung für demokratische Jugendorganisationen in Afrika, Asien und Lateinamerika..." (DBJR 2003, S. 261 f) ausgebaut.

2.3 Bundesjugendplan

Die Jugendverbandsarbeit befasste sich in den Nachkriegsjahren verstärkt mit der Verbesserung der „desolate[n] Lebenssituation der Nachkriegsjugend..." (DBJR 2003, S. 263). Als wichtiges Ereignis in der Geschichte der Jugendverbandsarbeit gilt der Bundesjugendplan[2], der am 18. 12. 1950 durch die Bundesregierung verkündet wurde. Aus Bundesjugendplanmitteln wurde die Jugendverbandsarbeit gefördert. Sie erlaubten „in begrenzter Weise" (...), Art und Ausmaß der Jugendverbandsaktivitäten zu steuern" und bedeuteten für die Jugendverbände eine „einigermaßen komfortable Existenzsicherung" (DBJR 2003, S. 264). Im ersten Jahr wurden 17,5 Millionen D-Mark zur Förderung eingesetzt, um vor allem Lehrwerkstätten und Jugendheime einzurichten, die den Kriegswaisen Hilfe und Unterstützung gewährten.

Des Weiteren wurde durch den Bundesjugendplan der internationale Jugendaustausch gefördert (vgl. Wikipedia 2006[3]).

2.4 Krise der Jugendarbeit

Die Nachkriegsjahre waren vor allem für die junge Generation eine sehr harte Zeit. Man zählte rund 2 Millionen vertriebene Kinder und Jugendliche und 1,3 Millionen Halb- und 36000 Vollwaisen im Jahr 1950. Darüber hinaus waren im selben Jahr eine halbe Million Jugendliche unter 25 Jahren arbeitslos (vgl. Böhnisch, Gängler & Rauschenbach 1991, S. 87). Dennoch galt die Jugend Deutschlands als „Hoffnungsträger für den Aufbruch in eine neue Zukunft, als Vertrauenskapital für einen neuen Anfang...", da sie als „unbelastete Generation" angesehen wurde (Böhnisch, Gängler & Rauschenbach 1991, S. 87). Die Jugend sollte den „dritten Weg" zwischen Sozialismus im Osten und Kapitalismus im Westen bilden. Die Aufgabe der Jugendarbeit war es, eine „klassenübergreifende, vom Gemeinschaftsdienst durchdrungene Vorhut einer neuen, sozial gerechten und befriedeten Gesellschaft" (Böhnisch, Gängler & Rauschenbach 1991, S. 88) darzustellen.

Jedoch sah die Realität der Nachkriegsjugend ganz anders aus, als man es von ihnen erwartete. Ende der 50er Jahre mussten die Jugendverbände die Krise der Jugendarbeit

---

[2] Seit 1993 Kinder- und Jugendplan des Bundes
[3] Siehe Literatur- und Qellenverzeichnis, S. 13

ausrufen, da sich die Mitgliederzahlen enorm reduzierten. Auch beteiligte sich die Mehrheit der Jugendlichen weder an Veranstaltungen, noch zeigten sie Eigeninitiative. „Die auf freie Jugendgeselligkeit, Einfügung in Jugendgruppen, auf jugendbewegte Gemeinschaftsvorstellungen ausgerichtete Verbandsgruppenarbeit erreichte die Nachkriegsgeneration und deren Lebensstil nicht." (Böhnisch, Gängler & Rauschenbach 1991, S. 89). Die deutsche Jugend orientierte sich mehr am Leben der Erwachsenen und interessierte sich kaum noch für die eigene Generation.

Es „(…) machte sich Mitte der fünfziger Jahre der Eindruck breit, dass sich Lebenslagen und Lebenswelten von Jugendlichen rapide wandelten und die Jugendverbände dem nicht Rechnung trügen" (DBJR 2003, S. 253). Die oben genannten Probleme der Jugendlichen, wie Arbeitslosigkeit etc., konnten allein mit der Arbeit der Jugendverbände nicht behoben werden.

2.5 Vergesellschaftung der Jugendverbandsarbeit

Darüber hinaus erlebte die Jugendverbandsarbeit in den Nachkriegsjahren weitere große Veränderungen, was sowohl Selbstverständnis und konzeptionelle Grundlagen, als auch die Stellung zu Staat und Gesellschaft betraf (Böhnisch, Gängler & Rauschenbach 1991, S. 86). Dieser Wandlungsprozess trug den Namen der „Vergesellschaftung" der Jugendarbeit.

> „Die Entwicklungen der Nachkriegszeit dokumentieren den Weg der Jugendarbeit von einer privat-partikularen Gesellungs- und Organisationsform zu einer öffentlich-gesellschaftlichen Aufgabe, vom „bündischen" Elite-Denken zur Öffnung für alle Jugendlichen aus allen gesellschaftlichen Bereichen und Schichten, vom „autonomen Jugendleben" zu einem pädagogischen Verständnis als eigenständiger Erziehungsbereich." (Böhnisch, Gängler & Rauschenbach 1991, S. 86).

Durch die Änderung des Selbstverständnisses und der Hinwendung zur Gesellschaft einerseits und die zunehmende Institutionalisierung der Jugendarbeit als öffentliche Aufgabe andererseits vollzog sich die „Vergesellschaftung" auf zwei Ebenen.

2.6 Grundsatzgespräche – die „Erklärung von St. Martin"

Der Wandlungsprozess der Jugendverbandsarbeit und die Krise der Jugendarbeit führte im Jahr 1962 zu einem Grundsatzgespräch des Deutschen Bundesjugendring im pfälzischen St. Martin über „Selbstverständnis und Wirklichkeit der heutigen Jugendverbandsarbeit", wo die so genannte „Erklärung von St. Martin" formuliert wurde (DBJR 2003, S. 253). In dieser Erklärung wird ein neues Leitbild von Jugendarbeit festgehalten.

5

„Die Jugendverbände verstehen sich als Glieder der Gesellschaft. Sie sehen ihr Aufgabenfeld im außerschulischen Bildungs- und Erziehungsbereich. Sie erfüllen bewusst eine ergänzende Erziehungsfunktion neben Elternhaus und Schule und isolieren sich dabei nicht vom gesellschaftlichen Leben. Ein ‚autonomes Jugendreich' wird nicht angestrebt. (…) In ihren Gruppen werden menschliche Tugenden und Wertvorstellungen vermittelt. (…) Die Erziehungs- und Bildungsarbeit in den Jugendverbänden dient neben der Freizeiterfüllung vor allem der Einführung des jungen Menschen in seine späteren Aufgabenkreise (…)" (Böhnisch, Gängler & Rauschenbach 1991, S. 90).

3. Jugendverbandsarbeit in den siebziger und achtziger Jahren

3.1 Die Studentenbewegung und weitere Bewegungen

In den Anfängen der siebziger Jahre gab es in Deutschland innerhalb der außerschulischen Jugendbildungsarbeit eine tiefgreifende reformpolitische „Umbruchphase" (Böhnisch, Gängler & Rauschenbach 1991, S. 93). Neben Schüler-, Lehrlings- und Jugendzentren wurden nun auch Freizeitmöglichkeiten innerhalb der Schule angeboten, wodurch sich die Jugendverbände in ihren Handlungsmöglichkeiten eingeschränkt sahen. Aufgrund dessen war auf der 41. Vollversammlung des DBJR im Jahre 1972 das Hauptthema, dass Jugendverbände sowohl in der Jugendhilfe als auch im Bildungswesen „anerkannter und gleichberechtigter Träger der außerschulischen Jugendbildung sind und was die Förderung durch den Staat angeht, nicht schlechter behandelt werden dürfen als andere Bildungsträger." (DBJR, 2003, S. 295).

Ende der sechziger Jahre gründete sich die die Studentenbewegung, welche als eigenständige Jugendbewegung völlig autonom gegenüber den Jugendverbänden agierte. Auf diese neue Bewegung waren die Jugendverbände, ebenso wie andere gesellschaftliche Bereiche, nahezu unvorbereitet (Böhnisch, Gängler & Rauschenbach 1991, S. 93). Durch diese Bewegung bildete sich ein neuer Paradigmenwechsel heraus: Die „vergesellschaftete Jugendarbeit" der sechziger Jahre ging über zu einer „gesellschaftskritischen Jugendverbandsarbeit" (DBJR 2003, S. 297). Die Jugendverbände gerieten durch die Studentenbewegung in heftige Kritik. Ihnen wurde vorgeworfen, sie seien „affirmativ, autoritär, reaktionär, militaristisch oder gar faschistoid (…)" wegen ihrer „praktizierten Ausdrucksformen (…)", der „verwendeten Stilformen, Begriffe, Lieder, Symbole und Rituale" (Böhnisch, Gängler & Rauschenbach 1991, S. 93). Diese Vorwürfe waren von so schwerem Gewicht, dass ganz und gar die „Überlebensfähigkeit der Jugendverbände" (Böhnisch, Gängler & Rauschenbach 1991, S. 93) hinterfragt wurde. Daher verkündete der DBJR im November 1968 eine Selbstverständnis-Erklärung, um offen auf die Studentenbewegung zu reagieren.

> „Die Jugendverbände bejahen entschieden die Notwendigkeit von permanenten Veränderungen und sehen darin eine entscheidende Voraussetzung zur Sicherung unserer Zukunft in einer demokratischen Gesellschaft (…)" (Böhnisch, Gängler & Rauschenbach 1991, S. 94).

Vor allem in den achtziger Jahren bildeten sich neben der Studentenbewegung weitere soziale Bewegungen heraus, wie die Frauen-, Männer- und Schwulenbewegung, Ökologie- und Friedensbewegung sowie die Antiautoritäre Bewegung. Auch der Dritte-Welt-Bewegung, den Geschichtswerkstätten und der so genannten Psychobewegung wurde in dieser Zeit eine große Bedeutung zugemessen (Vgl. Böhnisch, Gängler & Rauschenbach 1991, S. 102 ff).

3.2 Änderung der Lebensstile in den Jugendverbänden

Im Laufe der siebziger Jahre wurden die in den Jugendverbänden vorherrschenden Lebensstile und –formen völlig neu aufgezogen, was vor allem durch die Studentenbewegung beschleunigt wurde:

> „Die Alltagskleidung setzte sich auch im Verbandsleben völlig durch. Rad-, Wander-, Trampfahrten (…) wichen fast vollends Ferienfreizeitangeboten mit gehobenem Standard. (…) Am bedeutendsten war aber wohl der Bedeutungsverlust der traditionellen ‚Heimabend'-Gruppe. (…) Stattdessen wurde[n] nun (…) inhaltlich und zeitlich begrenzt[e] (…) Projekt-, Aktions-, Initiativ- und ad-hoc-Gruppen, Arbeitskreise, Seminargruppen u.ä. [typisch]." (Böhnisch, Gängler & Rauschenbach 1991, S. 94 f).

Auch die Geschlechtertrennung wurde mit Ausnahme vieler katholischer Verbände und einiger kleiner Bünde in den Jugendverbänden aufgehoben (vgl. Böhnisch, Gängler & Rauschenbach 1991, S. 94 f).

3.3 Neue Ansätze in der Jugendverbandsarbeit

Die Aktivitäten der Jugendverbandsarbeit lagen schwerpunktmäßig auf der Entwicklung neuer didaktischer und methodischer Ansätze, welche sowohl das Gefühl von Nähe und Aufeinanderbezogensein vermitteln, als auch neue kulturelle Gestaltungs- und Spielformen zum Ausdruck bringen sollten. So wurden vorwiegend in der Bildungsarbeit und auf Ferienfreizeiten phantasievolle und gesellschaftskritische Aktionen durchgeführt, wie

Aufführungen von Theaterstücken, Organisation von Flohmärkten, Einrichtungen von Discos und Teestuben usw. (vgl. Böhnisch, Gängler & Rauschenbach 1991, S. 96; 99).

Die Beziehungen zu mittel- und osteuropäischen Staatsjugendorganisationen wurden im Jahr 1972 weiter ausgebaut, sodass die Jugendverbände nun auch die Möglichkeit des internationalen Jugendaustausches hatten (vgl. DBJR 2003, S. 309). Auch die deutsch-deutschen Jugendkontakte entspannten sich im Jahr 1978 durch ein „gemeinsames Kommunique über die Beziehungen zwischen FDJ und DBJR". Die Verbesserung der deutsch-deutschen Jugendbeziehungen, welche im Vergleich mit anderen osteuropäischen Staaten als sehr kompliziert gelten, war jedoch ein steiniger Weg und intensivierte sich erst in er zweiten Hälfte der achtziger Jahre (Vgl. DBJR 2003, S. 310 ff; 268 ff).

3.4 Politisierung der Jugendarbeit

Des Weiteren zählte zum neuen Leitbild die Politisierung, hervorgerufen durch den gesellschaftskritischen Gesichtspunkt der Studentenbewegung (Böhnisch, Gängler & Rauschenbach 1991, S. 94). Ziel war eine emanzipatorische Bildungsarbeit sowie die Beseitigung autoritärer Gefüge und Herrschaftsmechanismen. Die Verbandsmitglieder wollten von den Erwachsenenverbänden unabhängig sein und selbstständig handeln. Vor allem der DBJR sah seine Aufgabe in der jugendpolitischen Interessenvertretung, sowohl im Hinblick auf das Jugendhilfegesetz, als auch im Kampf gegen Rechtsextremismus, Jugendarbeitslosigkeit etc. (vgl. DBJR 2003, S. 304f).

Unterstützt durch die vermehrte emanzipatorische Bildungsarbeit sahen viele Frauen und Mädchen die Möglichkeit, sich für ihre Rechte einzusetzen. Die Forderung der „geschlechtsspezifische[n] Beseitigung der Frauenbenachteiligung, eine Verbesserung der Chancengleichheit von Mädchen sowie den Abbau geschlechtsspezifischer Benachteiligung von Frauen und Mädchen in Ausbildung und Beruf" (DBJR 2003, S. 323) kam in diesem Zusammenhang durch eine Resolution des DBJR 1986 zum Ausdruck. Darüber hinaus wurde mit dem Thema der Sexualität erstmalig in den Verbänden enttabuisiert umgegangen. Die 65. Vollversammlung des DBJR beschloss u.a. den Einsatz für mehr Gleichberechtigung zwischen den Geschlechtern (vgl. DBJR 2003, S. 320 ff).

3.4.1 Bildungsreform und Bildungsdiskussion

Durch die Politisierung der Jugendarbeit sahen die Jugendverbände ihre Arbeit von Seiten politischer Bildung und politischem Lernen, wodurch sie Teil der Bildungsreform wurden. Ein wichtiger Diskussionspunkt innerhalb der Bildungsreform war die Frage nach der Stellung der Jugendarbeit neben Schule und Erwachsenenbildung. Mit der Idee einer Ganztagsschule, durch die Kinder und Jugendlichen bis zum Nachmittag in Programme der Schule involviert sind, fühlten sich die Jugendverbände existentiell unter Druck gesetzt. Die Jugendverbände bekamen durch die Bildungsdiskussion die Aufforderung, „ihre Funktion präziser zu bestimmen, ihre Arbeit, ihre Zielsetzungen und ihre Praxis erziehungswissenschaftlich begründet zu definieren, um sich gegenüber anderen Bildungsinstitutionen klar abzugrenzen" (Böhnisch, Gängler & Rauschenbach 1991, S. 97).

Auf der 40. Vollversammlung des DBJR wurde somit beschlossen, dass Jugendarbeit und Schule kooperierend miteinander statt gegeneinander im Bereich der außerschulischen Bildung tätig sind. Diese Bemühungen im Bildungsreformbereich verlangten „das Streben nach entsprechender institutioneller Absicherung und personeller Ausstattung" (Böhnisch, Gängler & Rauschenbach 1991, S. 97).

Aufgrund dessen wurde 1974/75 in den fünf Bundesländern Hessen, Niedersachsen, Bremen, Baden-Württemberg und Rheinland-Pfalz das Jugendbildungsgesetz verabschiedet, worin der Anspruch auf hauptamtliche Pädagogen in den Verbänden als „Voraussetzung für eine qualifizierte Bildungsarbeit" (Böhnisch, Gängler & Rauschenbach 1991, S. 97) formuliert wurde, da bis in die sechziger Jahre fast ausschließlich ehrenamtliche MitarbeiterInnen in den Verbänden tätig waren (Vgl. Böhnisch, Gängler & Rauschenbach 1991, S. 97 f).

Mitte der siebziger Jahre wurden Bemühungen unternommen, „Organisationsformen, Gestaltungsformen, Inhalte und Zielsetzungen so auszurichten und weiterzuentwickeln, dass sie wieder ein geschlossenes Gesamtbild des jeweiligen Verbandes abgaben und diese in zumindest in kritisch-loyaler Haltung zu Vorstellungen des jeweiligen Erwachsenenverbandes standen" (Böhnisch, Gängler & Rauschenbach 1991, S. 99 f).

3.4.2 Jugendarbeit in der Defensive

Im Laufe der siebziger Jahre geriet die politische Jugendbildungsarbeit immer mehr in den Hintergrund. Andere Handlungsfelder, wie die Vermittlung sozialen Verhaltens und der Ausbau politikferner, musisch-kultureller Bildung, gewannen wieder an größerer Bedeutung. Der in den siebziger Jahren stark ausgeprägte Reform-Eifer ging in den Jugendverbänden zurück.

Da die Jugendarbeitslosigkeit und der Mangel an Ausbildungsplätzen für Jugendliche ab 1974 zunahm, zerbrach „[allmählich] der bildungsoptimistische Lebensentwurf (…), auf den sich die pädagogisierte Jugendarbeit nach 1968 (…) gegründet hatte" (Böhnisch, Gängler & Rauschenbach 1991, S. 100). Bildung wurde mehr und mehr als Luxusgüter angesehen, „den man sich angesichts wachsender Probleme der Jugendlichen immer weniger leisten könne" (Böhnisch, Gängler & Rauschenbach 1991, S. 100). Viel mehr verlangten die derzeitigen Gegebenheiten eher „kompensatorische Arbeit mit krisengeschädigten Jugendlichen", jedoch waren die „pädagogischen Instrumentarien der Jugendarbeit (…) völlig ungeeignet" für die Bewältigung der „Ausbildungs- und Beschäftigungskrise" (Böhnisch, Gängler & Rauschenbach 1991, S. 100). Somit verloren die Jugendverbände Ende der siebziger Jahre an Legitimation, der sich im „Abebben des pädagogischen Elans" (Böhnisch, Gängler & Rauschenbach 1991, S. 100 f) ausdrückte. Die Jugendarbeit war durch die aktuellen Probleme in die Defensive geraten.

4. Jugendverbandsarbeit in den 90er Jahren bis in die Gegenwart

4.1 Jugendarbeit nach der Vereinigung Deutschlands

Die Wiedervereinigung Deutschlands im Jahr 1989 erforderte in der Jugendarbeit eine Neuorientierung. Somit gründeten Ende 1989 die FDJ sowie weitere Jugendgruppen den „Runden Tisch der Jugend". Hauptgesprächspunkt war die weitere Entwicklung der Jungendorganisationen in der DDR in Hinblick auf das zukünftige Bestehen der FDJ-Jugendeinrichtungen. Im Jahr 1990 schlossen sich Teilnehmergruppen des Runden Tisches zum Demokratischen Jugendbund (DJB) zusammen, um den juristischen Anforderungen gerecht zu werden. 1991 organisierte der DBJR eine Wiedervereinigungs-Vollversammlung. Hierbei wurde die „Resolution zum intensiven Aufbau von Kinder- und Jugendhilfeangeboten" beschlossen, um den Kindern und Jugendlichen u.a. zu gewährleisten, den „rauen Übergang in eine demokratisch und marktwirtschaftlich orientierte Gesellschaft besser bewältigen [zu] können und zukünftig vergleichbare Zukunftschancen wie junge Menschen im Westen [zu] erhalten" (DBJR 2003, S. 337). Die organisatorische Herstellung einer gesamtdeutschen Jugendvertretung wurde durch die Aufnahme der fünf in den neuen Bundesländern gegründeten Landesjugendringe und der „Arbeitsgemeinschaft Neue Demokratische Jugendverbände (ANDJ)" auf der 63. DBJR-Vollversammlung abgeschlossen (Vgl. DBJR 2003, S. 332 ff).

4.2 Wandel in der Jugendverbandsarbeit - „Jugendverbände in der Bindestrich-Gesellschaft"

1993 fand die 66. Vollversammlung des DBJR statt. Auf diesem wichtigen Treffen wurde das Grundsatzpapier „Zwischen Erlebnis und Partizipation – Jugendverbände in der Bindestrich-Gesellschaft" entworfen, welches die wichtigsten künftigen Aufgaben der Jugendverbandsarbeit zusammenfasste, ohne die bisherigen Aufgabenbereiche aus dem Blick zu verlieren (vgl. DBJR 2003, S. 338 f). Jugendverbände sollten ihren Mitgliedern „soziale Heimat" bieten, es wurden Prinzipien der Freiwilligkeit, Selbstorganisation und Selbstgestaltung genannt, sowie die drei Standbeine der Jugendverbandsarbeit Freizeit, Bildung und politische Interessenvertretung. Darüber hinaus wurde die Notwendigkeit der verstärkten kinderpolitischen Tätigkeiten sowie der Weiterbildung ehrenamtlicher MitarbeiterInnen betont.

Die Zahl der traditionellen Jugendverbände hat in den letzten Jahren immer mehr abgenommen, wohingegen der Trend der Jugendklubs und -zentren gestiegen ist. Temporäre Mitgliedschaften haben sich gegenüber den verbindlichen verstärkt durchgesetzt. Auch ist das Durchschnittsalter der Mitglieder in den letzten Jahren allmählich gesunken.

Ein Großteil der Jugendlichen verzichtet auf eine Mitgliedschaft in Verbänden und engagiert sich eigenständig für bestimmte Zwecke (vgl. DBJR 2003, S. 341 ff; Familienhandbuch[4]).

4.2.1 Anforderungen an Jugendverbandsarbeit

Die gesellschaftlichen Veränderungen veranlassten die Jugendverbände und andere Träger der Jugendarbeit, „immer wieder neue, anspruchsvolle Arbeitsfelder aufzugreifen und in die Aktivitätenpalette zu integrieren" (DBJR 2003, S. 344). Hierzu zählten neue Informations- und Kommunikationstechnologien, die stärkere Kooperation mit Schulen, der vermehrte Ausbau des internationalen Jugendaustauschs sowie die Verstärkung der Angebote für Kinder und Jugendliche mit Migrationshintergrund. Vor allem gegen Ende der neunziger Jahre waren die Jugendverbände sehr damit bemüht, Kinder und Jugendliche auf das gesellschaftliche Leben Einfluss nehmen zu lassen (vgl. DBJR 2003, S. 341 ff).

---

[4] S. Literatur- und Quellenverzeichnis, S. 13

11

5. Fazit

Jugendverbandsarbeit hat sich in den Jahren seit seiner Entstehung bis in die heutige Zeit sehr verändert. Es bestand seit jeher ein ständiger Wandlungsprozess, dem es sich immer anzupassen galt.

„Es liegt im Wesen der Jugendarbeit, dass sie sich im ständigen Wandel befindet. Wenn sich die Jugendverbände auf diesen Prozess einstellen, sich auf ihn vorbereiten und sich nicht einfach von ihm überraschen lassen, dann hat die Jugendarbeit auch eine Zukunft" (DBJR 2003, S. 302).

6. Literatur – und Quellenverzeichnis

Böhnisch, Lothar; Gängler, Hans & Rauschenbach, Thomas (1991). Handbuch Jugendverbände. München: Juventa

Deutscher Bundesjugendring (Hg) (2003). Gesellschaftliches Engagement und politische Interessenvertretung – Jugendverbände in der Verantwortung. 50 Jahre Deutscher Bundesjugendring. Berlin: Grevenbroich.

Deutscher Bundesjugendring (Hg.) (2004). Zwischen Erlebnis und Partizipation - Jugendverbände in der Bindestrich-Gesellschaft. In: Online-Familienhandbuch
http://www.familienhandbuch.de/cmain/f_Fachbeitrag/a_Jugendforschung/s_1310.html

Jugendserver. Deutscher Bundesjugendring. (2006)
http://www.jugendserver.de/index.php?m=1&id=88

Wikipedia, freie Enzyklopädie (2006)
http://de.wikipedia.org/wiki/Bundesjugendplan